Monsieur Pof
présente

Le manuel du Parfait Gentleman

FIRST
ÉDITIONS

ISBN : 978-2-412-08086-3
Dépôt légal : janvier 2023
Imprimé en France par Chirat en novembre 2022

Directrice éditoriale : Marie-Anne Jost-Kotik
Responsable éditoriale : Cyrielle Londero-Gobry
Direction artistique : Lisa Magano-Benziane
Édition : Joséphine De Wispelaere
Illustrations : Anne Geslin (alias la_bananne sur Instagram)
Mise en pages : Fabrice Del Rio Ruiz
Correction : Marjorie Poitte

Éditions First, un département d'Édi8
92, avenue de France
75 013 Paris – France
Tél.: 01 44 16 09 00
Fax: 01 44 16 09 01
E-mail : firstinfo@efirst.com
Site Internet : www.editionsfirst.fr

FSC

Sommaire

Préface ... 7

PARTIE 1
QUELQUES GÉNÉRALITÉS ... 13

Chapitre 1 : Qu'est-ce qu'un gentleman ? ... 15

Chapitre 2 : Les gentlemen existent-ils encore ? ... 23

PARTIE 2
LE RÉCIT D'UNE TRANSFORMATION ... 31

Chapitre 3 : Suis-je gentleman de naissance ? ... 33

Chapitre 4 : Les temps brumeux ... 41

Chapitre 5 : Le renouveau ... 47

PARTIE 3

EN PRATIQUE 57

Chapitre 6 : Transformation de langue 61

Chapitre 7 : Métamorphose de style 73

Chapitre 8 : Les bonnes manières 83

PARTIE 4

LA VÉRITÉ VRAIE 93

Chapitre 9 : Confessions 95

Chapitre 10 : Mon univers, le vrai ! 103

Épilogue 115

Remerciements 119

Préface

Bien le bonjour, l'ami ! Juste ciel, nous y voici enfin. Je peine à y croire. Mes innombrables aventures sur le web m'auront finalement conduit, moi, un humble gentleman issu des anciennes contrées, à réaliser ce digne ouvrage. Qu'aurais-je pu désirer de mieux ? Saperlipopette, je suis aux anges ! Il m'est à présent offert l'opportunité de vous transmettre mon savoir au fil du joli parchemin que voici, et cela est tout bonnement inestimable.

Comme il me tenait à cœur de réaliser cet ouvrage ! Depuis la nuit des temps, je cherche désespérément un moyen de répandre la courtoisie et les bonnes manières sur les réseaux sociaux. Et à la suite de deux années de création de contenu, j'ai enfin l'opportunité de mettre tout cela sur papier. À l'ancienne ! N'est-ce point là chose incroyable ?

Alors, mis à part le cas où vous seriez un brigand ayant dérobé ce bien sur les étagères d'une bibliothèque au rayon des chefs-d'œuvre littéraires, mille mercis d'avoir réalisé ce coquet achat. Mais dans le cas contraire, si vous êtes un bandit, j'enverrai la maréchaussée à vos trousses. Ni une, ni deux.

Où en étais-je…

Au travers de ce charmant ouvrage, vous trouverez tout ce qu'il faut pour être un tantinet plus courtois au quotidien ! Que vous souhaitiez devenir le plus séducteur des monarques ou tout simplement bannir quelques mauvaises habitudes de votre quotidien, ce petit livre est conçu pour vous !

Mais nous n'avons guère le temps de papoter. Nous avons tant à faire ! Débattre de farfelus périples, apprendre moult astuces courtoises ou encore vous présenter à ma chère famille… Tant d'aventures nous attendent, et quoi de mieux qu'un amusant parchemin pour vous conter tout cela ?

Taïaut !

PARTIE 1

QUELQUES GÉNÉRALITÉS

Sompteux !!! Comme je vais twerker élégamment sur le dancefloor au château ce soir !
Je vais dead ça, wesh.

CHAPITRE 1

Qu'est-ce qu'un gentleman ?

Avant de vous lancer dans votre apprentissage, dans votre formation, vous vous devez de saisir l'essence de ce que vous vous apprêtez à devenir. Qui souhaiterait devenir facteur sans savoir qu'il faut déposer le courrier dans une boîte aux lettres et non dans le postérieur de l'abbé du patelin ? Comme vous êtes vulgaire !

Non. Il m'est tout d'abord impératif de vous exposer l'exercice quotidien que je pratique, afin que vous estimiez par vous-même si vous êtes bel et bien prêts à me rejoindre, et surtout si vous en avez l'envie profonde. Car on ne fait pas ça sur un coup de tête ! Une fois transformé, plus de retour en arrière possible. Vous ne serez plus **JAMAIS** vulgaire, et serez pour **TOUJOURS** et à **JAMAIS** un modèle d'élégance, multipliant les courbettes à chaque fois que l'on passe près de vous. Vos lombaires vont sacrément taffer !

Et bien que notre cher dictionnaire qualifie un gentleman de, je cite, « homme distingué, qui se conduit avec délicatesse », **C'EST UN PIÈGE ! UNE FACÉTIE !** L'on a désiré vous garder secrète la vérité afin que le privilège de cette noble fonction ne se répande pas, que les trésors de cette grâce comportementale ne s'ébruitent pas… Mais pas de panique, tel un téléphone sur les genoux d'un tricheur au bac, je vous divulguerai tous ces fameux conseils et, grâce à moi, vous parviendrez à ce statut !

« Homme distingué, qui se conduit avec délicatesse… » Haha, quelle farce ! On vous a bien eus, petits dindons. Car je ne sais que trop bien que cette définition ne s'arrête pas là, que ce titre doré requiert une **INFINITÉ** d'autres critères. Pas de panique… Un peu comme un grimoire ancien, ce livre regorge de savoirs précis qui sauront vous transformer, à l'aide de sortilèges et de breuvages brunâtres, en un preux chevalier gentilhomme.

Mais revenons-en à nos chèvres. (J'aurais pu dire « moutons », mais les chèvres sont un peu plus haut de gamme.) Si je devais vous résumer tout cela en quelques mots et avec beaucoup de sérieux, je dirais qu'être un gentleman c'est :

Porter la coiffe de Louis XIV tous les jours

Oh que oui. Cela est plus indispensable qu'une bouffée d'oxygène dans une boîte de nuit puante. Être gentleman, cela implique de faire des sacrifices. Vous vous devez d'apposer sur votre gracieuse caboche une superbe coiffe opaline des plus resplendissantes. Cela vous ouvrira les portes de tous les châteaux et vous assurera l'entrée à tous les cocktails mondains.

Astuce économique : si vous avez les cheveux assez longs et frisés, vous pouvez opter pour une teinture blanche et un gonflement de votre masse capillaire. Plus durable… Et quand viendra Halloween, vous ne serez guère loin du look de Daenerys Targaryen ou de Legolas. Ou de votre arrière-arrière-grand-mère trépassée, si vous avez fait fi de votre skin care routine. Bref. Si déjà avec cela je ne vous ai guère convaincu…

Se montrer poli en toutes circonstances

L'ami, si vous souhaitez du plus profond de votre âme acquérir le blason du gentleman, vous vous devez d'être plus poli qu'une roche aiguisée par la marée. Probablement le plus fondamental des prérequis afin de devenir gentilhomme, il n'est pas une seule situation dans laquelle vous pouvez vous permettre de manquer de respect, de froisser autrui, de faillir aux bonnes manières ou pire, de prononcer des vulgarités. Ne dites **JAMAIS** de gros mots, bordel. Et je sais que c'est là chose fort difficile en ces temps où l'on banalise les « ntm, fdp, ptn » et autres sortilèges sans voyelles. On a souvent tendance à vouloir répondre par l'offensive, mais rien n'est plus efficace qu'une réponse courtoise.

Savoir danser la valse aussi bien que le twerk

Être gentleman, c'est aussi savoir adapter sa grâce en toutes situations. Aux dîners mondains et aux bals raffinés, il valse avec finesse et légèreté. Dans les bas-fonds des boîtes de nuit ou chez le tavernier, il surprend tout le monde grâce à son incroyable déhanché. C'est ainsi. Polyvalence est son second prénom, et Constance est celui de ma tante. Mais cela n'a absolument rien à voir. Je ne qualifierais même pas ma tante de polyvalente, d'ailleurs. Ah, j'oubliais, un gentleman évite de changer de sujet. Cela ne m'est bien entendu jamais arrivé. Qu'est-ce que je vais manger ce midi, moi ?

Comme cela ne vous aura sans doute point échappé, le mot « gentleman » est le terme gentilhomme, en anglais. Pourquoi moi, l'adepte de la poésie française et des bonnes choses du terroir, j'utilise au quotidien un mot anglophone ? Serais-je un gentleman anglais, issu des contrées britanniques, et quelque peu bandit tels les Peaky Blinders ? Que nenni ! Mon usage de « gentleman » est dû à une raison bien plus simple que l'assemblage d'un meuble IKEA : **C'EST BIEN PLUS CLASSE, WESH !**

Mille excuses, je me suis quelque peu laissé emporter. Comme je le disais, alors que « gentilhomme » évoque un Molière à la charlotte prépondérante, le gentleman évoque quant à lui le beau gosse des salons de cocktail. Comme vous aurez pu vous en douter, mon choix a donc été vite vu.

Mais tout ceci n'est bien entendu qu'un aperçu de tous les indispensables afin de rayonner au château. Ne paniquez point, l'ami, nous étudierons posément et subtilement toutes ces belles choses dans les prochains chapitres. Mais je pense qu'avec ces quelques dires, vous semblez déjà un peu plus averti de ce qu'être gentleman signifie… Et que vous savez un peu plus si vous souhaitez rejoindre notre ~~secte~~ communauté bienveillante.

Nous sommes en voie de disparition, l'ami !

CHAPITRE 2

Les gentlemen existent-ils encore ?

Voilà une bien fâcheuse question que l'on me pose presque aussi souvent qu'une vache broute de l'herbe. (À la différence près que cela ne me provoque pas des gaz si atroces qu'ils perforent la couche d'ozone.) Bien entendu qu'ils existent encore, sinon je ne serais point là !

Il est vrai qu'on pense souvent qu'un gentleman appartient à une autre époque et qu'aujourd'hui ils ne sont plus qu'un tas de cendres croupissant au fond de cercueils ancestraux. Mais que nenni ! (Une formule que j'emploie souvent pour dire non. Les adeptes de mes discours sauront que je l'utilise en moyenne une fois par minute, quand je suis raisonnable.) Nous sommes bel et bien présents dans cette société, sachez-le ! Et ce même si on a tendance à croire le contraire, certainement en raison de la généralisation de certaines mœurs vulgaires, telles que :

- roter à table (et pourquoi pas « flatuler » ?)
- écarter les jambes à tout-va (comme le manspreading est indécent !)
- insulter autrui en guise de sobriquet (qualifierais-je mes semblables de « gougnafiers » ?)
- klaxonner en voiture (demanderais-je aux chevaux de ma calèche de hurler ?)
- … et j'en passe et des meilleurs qui ont fait perdre l'espoir à plus d'un de l'existence des gentlemen

Chose quelque peu intéressante, mais qui n'a absolument rien à voir, j'ai eu l'impression au cours de mon expérience en société, en tant que gentleman, que le qualificatif de « gentilhomme » était souvent associé à une certaine manière de s'habiller. Sapristi, ce qu'on a pu m'enquiquiner avec cela ! Cette impression qu'il était impossible pour la plupart d'appeler quelqu'un un gentleman s'il ne revêtait pas moult costumes d'époques lui donnant un air d'antan et des allures anciennes. Eh bien sachez, l'ami, que c'est une erreur colossale. Un atroce amalgame contre lequel je me battrai jour et nuit jusqu'à ce que je vienne à le réduire à néant. En aucun cas un gentleman ne se verra défini par la manière dont il s'habille, l'habit ne fait pas le moine !

La qualité d'un gentilhomme se définit par la façon dont il se comporte, son respect envers autrui et l'importance qu'il attache à son image en société. Et nous n'appartenons guère plus à une époque où se vêtir tel un marquis constitue la seule issue pour ne point se faire lapider sur la place publique. En un mot, de pimpantes tenues arborées ne font point, et ne feront jamais, un gentleman (cela fait un tantinet plus qu'un mot, mais tel est mon choix.)

Si bien que (même si j'ai la fâcheuse tendance à tacler aussi fort qu'un rugbyman enragé le style « *streetwear* ») si un amateur de jeans troués peut tout à fait s'avérer être un preux gentleman. Et à l'inverse, le plus grand des dandys ne sera point **DU TOUT** qualifié de gentleman si on le surprend à faire un croche-patte à une vieille dame dans la rue. Cela sera un chenapan bien fringué, voilà tout.

Tout est dans le comportement, mesdames et messieurs, tout est dans le comportement.

Mais où avais-je la tête, je vous parle de dandy sans même vous expliquer de quoi il en retourne ! L'on qualifie de « dandy » un « homme qui affecte une suprême élégance dans sa toilette, ses manières, ses goûts » (larousse.fr). En gros, un monsieur très, très élégant, également doté d'esprit. C'était un style vestimentaire souvent adopté par les messieurs d'une époque où l'élégance était de mise, mais qui a tout de même traversé les âges en qualifiant aujourd'hui les messieurs s'habillant avec soin et se comportant poliment. On qualifie d'ailleurs de « gentleman dandy » les hommes s'habillant avec classe et se comportant en gentlemen. Combo, comme diraient les jeunes !

Alors mesdames et messieurs, se demander si les gentlemen existent encore, c'est me soupçonner d'être un fantôme issu de la préhistoire, ou un vulgaire vestige du passé vendu trois francs six sous à la brocante de Gertrude. (Je ne connais pas de Gertrude, mais il doit bien y en avoir une en France qui organise des brocantes.) Aujourd'hui, être gentleman, c'est être doté de bonnes manières et être bien éduqué. Que ce soit envers ses professeurs, sa famille, les commerçants, ou l'élu(e) de son cœur. Tout ça pour dire que, même vêtu d'un sac-poubelle, il n'est pas bien dur de saluer Monique lorsqu'on la croise à la pharmacie. Bien sûr que non, les gentlemen n'ont pas cessé d'exister, ils ont tout simplement changé d'apparat et ne s'habillent plus quotidiennement de smokings. Pour certains, bien entendu. D'autres têtus tels que moi apprécient suer plus qu'une éponge en été dans leurs costumes trois pièces. (Il semblerait que je sois doté d'une sacrée détermination…)

Alors, pour conclure ce charmant chapitre, je dirais que les gentlemen se cachent simplement fort bien et sont plus discrets que les jeunes *olé olé* qui traversent les villes à toute allure au volant de leur Fiat Punto tunée, tout en diffusant à qui veut l'entendre une splendide litanie d'un morceau de rap à fond les ballons. <3

Les gentleman ne portent dont
pas tous ces chaussures ?

PARTIE 2

LE RÉCIT D'UNE TRANSFORMATION

Mes salutations distinguées, très chère mère !

CHAPITRE 3

Suis-je gentleman de naissance ?

Voilà une question qu'il serait tout à fait légitime de soulever (tout comme vous soulevez probablement vos crushs de temps à autre, bande de malotrus commettant des immondices prémaritales) :

Très cher Monsieur Pof (car je suis cher, je vaux au moins trois bœufs et une charrue), êtes-vous cet illustre gentleman depuis la nuit des temps ? Depuis que votre chétif corps a transpercé les entrailles de Mère Pof afin de venir éclairer la terre de votre flambeau d'élégance ?

À mon plus grand regret, que nenni. Je dois malheureusement vous avouer que je suis gentleman parvenu, et pas gentleman né. Même si, avec beaucoup de recul, je pus observer pendant mon enfance certains signes laissant supposer cet original destin, il n'en est rien : je me suis transformé en gentleman à l'âge adulte. Pouf ! D'un coup de baguette magique ! Et si je le suis devenu, c'est bien que vous le pouvez également. Alors laissez-moi donc vous conter quelques coquettes anecdotes de mon enfance de petit voyou.

Même si je sus parler fort tôt et usais d'un vocabulaire de conjugaisons et de temps bien farfelus, je n'étais en rien un gentilhomme. Quand j'étais bambin, bien que de très bonne volonté, je n'étais pas le moins du monde sportif. Ah ça ! Et pourtant, je pratiquais le football, le tennis et le roller. L'imaginiez-vous un seul instant ? Ma grosse tête courant désespérément après une balle, tel un cavalier s'étant royalement ramassé et tentant de rattraper son cheval ?

Le football

Lorsque j'eus la sotte idée (aux alentours de mes six ans) de m'inscrire au football, ce fut une catastrophe sans précédent. Doté de deux pieds gauches, la balle ne partait jamais dans la direction que je souhaitais, tout comme je faisais parfois la passe à l'équipe adverse, ce qui, étonnamment, semblait déranger mes coéquipiers… Excusez-moi d'être aimable !

Et qu'appris-je récemment ? Mon paternel me révéla que lors de cette aventure footballistico-pourrie m'était venu un penchant rebelle ! **Ô SCANDALE, QU'APPRIS-JE, L'AMI ? JE ME SERAIS BATTU AVEC L'UN DE MES COÉQUIPIERS !** Misère ! Moi, homme de grâce et

de pacifisme, j'aurais, durant ma tendre enfance, procédé à l'affront ultime, celui de balancer mes poings élégants dans la mâchoire d'autrui ? Saperlipopette, le vice m'était décidément monté à la tête. Père me conta que l'altercation n'avait duré qu'un bref instant et que je n'avais point été rancunier, mais fichtre ! Comment ai-je pu ? Qu'avait fait ce garnement pour provoquer la colère du petit être à la grosse tête que j'étais ? (Je répète moult fois que j'avais une grosse tête, je le sais, mais c'est pour être sûr que vous compreniez bien à quel point je ressemblais à un lampadaire.) Peut-être mon adversaire de l'époque m'avait-il assené un sacré coup, expliquant l'extravagant individu que je devins par la suite. Qui sait ?
Enfin, toujours est-il que de fil en aiguille, j'en vins à être quelque peu traité comme un pestiféré à chaque match, et l'on me passait moins souvent la balle qu'on ne voit une vache se lancer dans une carrière de rap. Mais peu importe, cela me permit tant bien que mal de comprendre que mon destin ne se situait pas là, dans un jeu consistant à pourchasser un objet plus rond que mes joues après une consommation excessive de sucreries.

Le roller

La fin de l'année sportive vint, et avec elle la méditation de l'été : que ferai-je à la rentrée ? Vous pourriez supposer qu'après ce fiasco monumental, j'en tirai des leçons… Mais il n'en fut rien. Plus fou et stupide que jamais, je décidai de me lancer dans le roller.

ET ALORS LÀ, MESDAMES ET MESSIEURS, NOUS ALLONS NOUS FENDRE LA POIRE !

J'étais, en toute honnêteté, aussi talentueux en roller qu'un vase serait bon au ski alpin. Et bien que quelque peu encouragé par ma tendre mère qui souhaitait visiblement me voir rouler à 100 km/h jusqu'au précipice d'une falaise, la décision venait en grande partie de moi. Car après tout, lorsqu'on est enfant, quoi de plus sensationnel que de marcher en roulant ? Ou de rouler en marchant ? À l'exception près que dans mon cas, ce fut moins du sport que de l'autodestruction : aucun moniteur ne réussit à m'apprendre comment faire un virage, si bien que chaque départ se transformait en propulsion rectiligne vers le fond de la salle. Ou vers de pauvres gens se trouvant sur ma trajectoire, paix à leur âme…

Face à ma totale incompétence, couplée au danger public que je représentais, il fallut cette fois-ci, à peine trois mois plus tard, que l'on me recommande **FORTEMENT** d'abandonner l'activité. Dommage. Je n'avais point encore pulvérisé toutes les fondations de l'édifice. Qui sait, j'aurais peut-être pu devenir aussi efficace qu'un bulldozer et faire une remarquable carrière dans la construction…

Le tennis

Enfin, l'ami, après ces houleuses péripéties, Mère Pof pensa que ma voie sportive se trouvait dans le tennis, et contre toute attente cette fois-ci, elle eut raison. Je pratiquai ce sport plusieurs années durant, et mis à part quelques carreaux de bâtiments voisins et deux trois passants malchanceux, la grande majorité de l'humanité survécut à ma maladresse.

Autres activités

Artistiquement, quel remue-ménage cela fut également ! Je pris pendant mon enfance quelques cours de dessin, et mes œuvres ressemblaient plus à des crachats de tuberculeux qu'à des paysages. Je m'essayai aussi au théâtre, mais le charmant appareil dentaire qu'on m'avait greffé dans la bouche aspergeait quiconque assistait à mes performances d'une magnifique pluie de salive. Le chant fit l'objet d'une tentative désespérée de ma mère de m'aider à me trouver. Mais ma voix était aussi mélodieuse que celle d'un hérisson à l'agonie. « Pourquoi n'essaierais-tu pas le piano ?! » me suggéra-t-elle alors qu'elle s'apprêtait à renoncer. Eh bien elle aurait dû abandonner, car bien que capable de taper chaque touche de l'instrument, j'avais la fâcheuse tendance à les jouer **TOUTES EN MÊME TEMPS** (en d'autres termes, à peu près deux fois par morceau, j'écrasais subitement mon front contre le clavier).

En somme, j'étais un désastre ambulant. J'étais, enfant, tout l'opposé de ce que peut représenter pour moi un « gentleman ». Pourtant, quelle sacrée surprise me réserva le destin ! Étudions ce drôle de processus qui fit du garnement que j'étais un « remarquable » gentleman.

Il n'est point
d'adulte qui saisisse
le mal que
je traverse…

CHAPITRE 4

Les temps brumeux

Vous savez désormais tout, très chers compagnons de route. Le mythe selon lequel le Gentleman Pof n'est que grâce et prestance depuis sa naissance n'est qu'une légende : il ne fait aucun doute qu'enfant j'étais la plus vile des fripouilles. Que s'est-il donc passé pour qu'un jeune bandit se transforme en remarquable gentleman, telle une chenille se transformant en papillon ? À la différence près que je vécus tout de même plus de deux jours. Sapristi, comme ça meurt vite un papillon, m'imaginez-vous trépasser deux lunes après mon *Glow Up* ? Certainement pas, l'ami ! Il était tout à fait primordial à mes yeux d'aller trémousser mon popotin courtois devant tout un chacun, afin d'exhiber la rocambolesque transformation à laquelle je venais de procéder. Une transformation qui ne s'est pas faite en un jour…

Alors que l'école primaire se passa à merveille, je ne peux point nier que les années collège et lycée furent un peu plus compliquées. J'étais un élève discret, ayant perdu ma verve et mon aisance à l'oral à la suite de l'implantation d'un engin de torture dans ma cavité buccale.

Mon orthodontiste, souhaitant corriger ma déglutition, avait fait installer sur mon pauvre palais un immense grillage de prison destiné à empêcher ma langue de pousser contre mes quenottes, elles-mêmes ornées d'un appareil dentaire. Plus très « royal », mon palais, n'est-il point ? Et pour couronner le tout, on me plaça de coquettes bagues, et je ne parle pas de celles serties de diamant que l'on enfile au doigt, que nenni : mais de vulgaires pièces en métal probablement radioactif scellées à mes pauvres dents. Et quand je dis « scellées », je pèse mes mots ! (Vingt-trois kilogrammes chacune, on part sur un livre de quelques tonnes.)

Bien entendu, cette peu glorieuse installation se fit au détriment de ma locution : je postillonnais plus qu'un brumisateur en pleine canicule et j'éprouvais la plus grande des difficultés à formuler des phrases intelligibles. Saperlipopette, comme je peinais ! Si je vous avais demandé d'aller me chercher du pain, vous auriez sans doute compris quelque chose comme : « Ku PFEUH ayé mrrreeeeeké yu PFAAIIINNN ?! » J'aurais certainement ensuite blâmé le temps pluvieux pour expliquer votre faciès couvert de ma propre salive. (Enfin, « propre », pas tellement, ma brosse à dents se coinçant dans mon grillage un brossage sur deux.) Peu à peu, je me décourageai et abandonnai mon parler naguère presque poétique. « Ô cruauté infernale », me direz-vous.

Puis, comme si cela ne suffisait pas, arriva une charmante et monumentale effusion d'acné, recouvrant mon visage de pustules, ou de crevasses selon les jours. (C'était la sympathique petite surprise du matin, je ne savais jamais si mon visage allait être rouge, jaune ou vert. Enfin, j'en rigole aujourd'hui mais, à l'époque, j'avais vraiment l'impression de m'être réincarné en feu de signalisation.)

Bonté divine, l'acné. Comme cette épreuve traversée par moult adolescents constitue un obstacle dans le développement de chacun ! Je n'oublierais jamais la honte que j'éprouvais lorsque le regard de mon interlocuteur déviait de mes yeux vers mes boutons. Une honte qui se transforma très vite en refus que quiconque pose son regard sur ma piètre figure criant ce que je pensais être une immuable laideur.

Voilà qui n'est pas très gai, n'est-il point ? Pas de panique, vous n'êtes pas en train de lire une tragédie. « Tragédie, j'ai dit ? » Tout compte fait, on peut le qualifier de drame si on évalue la qualité humoristique de ce jeu de mots.

Les jours et les mois passèrent, et peu à peu je m'isolai en proie à une sévère crise d'adolescence, un quotidien fait de silence, de pensées brumeuses et de mondes virtuels ou imaginaires. Ah oui, j'oubliais ! Pendant cette triste période, je trouvai néanmoins refuge dans les livres et les jeux vidéo. Heureusement qu'ils étaient là, ceux-là ! Grâce à eux, je pouvais m'envoler quelques instants vers une infinité de mondes plus incroyables et magiques les uns que les autres, et incarner de légendaires protagonistes d'aventures épiques.

Puis au fur et à mesure, l'espoir revint : la restructuration de mon architecture dentaire prit fin, et bientôt la grille malfaisante ainsi que les terrifiantes bagues, même pas serties de joyaux, quittèrent enfin mon palais. Petit à petit ma langue se dénoua et les postillons ne furent plus qu'une lointaine flaque malodorante. Mon acné, qui depuis des années sévissait telle une éruption volcanique, se calma, si bien que jour après jour mon visage reprit une apparence humaine, et les cicatrices s'atténuèrent.

Enfin délivré des chaînes que les complexes de la puberté avaient cruellement dressées et qui m'avaient pendant si longtemps contraint à m'évader dans des mondes imaginaires, je levai les yeux vers l'horizon : au loin, la silhouette d'une étrange petite bouilloire scintillait de mille feux. Un déclic. Une révélation. Un pressentiment.

Je n'en puis plus de mon existence minable. Qu'un changement survienne ou je ne réponds plus de rien !
Pleure moins fort, tu m'as fait perdre sur Fifa, wesh.
Fifa-buleusement con, lui.

CHAPITRE 5

Le renouveau

Pfiou, que de choses bien tristes, n'est-il point ? Reprenons du poil de la bête. Et pas celle de la foire. Rassurez-vous, il n'est pas question avec cet ouvrage de vous faire pleurer comme une madeleine : je me suis tout à fait relevé de cette sombre période que fut mon adolescence ; tel un bourgeon florissant à l'orée du printemps, je quittai le bulbe duquel j'étais prisonnier afin de m'épanouir en une jolie petite rose. (Une rose éclaboussée par la rosée, et non pas par des postillons. Quel progrès !) Et puis, après tout, sommes-nous gente qui se laisse aller aux émois, nous les chevaliers du château ? Certainement pas ! De nos lances et épées de fortune, nous pourfendrons les obstacles se dressant sur notre route. Comme des piques apéro pourfendraient des Apérivrais. Et bien que fort peu poli à l'époque, je devais déjà l'avoir, cette rage herculéenne, car je ne me laissai pas abattre et continuai ma vie de débauche !

Attardons-nous à présent sur la fin des années lycée. En effet, afin de comprendre le cheminement dont je m'apprête à vous faire part, petits gentlemen ou ladies en devenir, il est nécessaire de procéder à l'étude du pachiderme que j'étais à cette période. Période que je nommerais avec recul celle du *renouveau*. Mais qu'a-t-il bien pu se passer pour provoquer cette métamorphose ? Une expérience scientifique ayant mal tourné ? Les prémices d'une folie auraient-ils accaparé ma petite caboche ? Un objet colossal me serait-il tombé sur la tête ? Que nenni très cher, que nenni !

Le lycée fut une période très calme. Je rasais les murs, étais un étudiant discret faisant de mon mieux pour ne pas attirer l'attention. Comment diantre cela peut-il être possible pour un énergumène ayant le goût du spectacle tel que moi ? Eh bien il se trouve que socialement j'étais ce que l'on appelle un phénomène. Préférant la solitude, les jeux et la lecture, je n'entrais point dans les codes sociaux que l'on prônait à l'époque : le flow, les joggings et le sens de la fête m'étaient inconnus. Et si l'on désirait être populaire, il était primordial de prêter une importance colossale à toutes ces choses.

À l'inverse, j'étais un électron libre. Vêtu d'un bonnet, de fripes bien larges et avec un casque constamment cloué à mes oreilles, je ne rentrais point tout à fait dans le moule et n'avais point non plus l'envie de m'y mouler. Après tout, je ne suis point une pâtisserie (bien que l'on m'ait déjà qualifié de tarte ou de flan). Par Toutatis ! Je vous imagine scotché par cette révélation ! (Que j'étais un filou adolescent, et non pas que je ne suis point une pâtisserie.) Vous qui deviez m'imaginer maître des arts élégants depuis l'Antiquité, comme je suis désolé de vous décevoir ! Mais je ne peux le nier, je n'ai dans mes origines rien d'un vampire venu de la Transylvanie de l'époque, ou d'un aristocrate bourgeois : je ne suis rien d'autre qu'un bébé rondouillet ayant vu le jour en 1999 et ayant grandi dans un foyer des plus communs. Mais séchez vos larmes, car le destin nous réserve parfois de surprenantes péripéties. Et bien plus surprenantes que mes capacités aux mots fléchés, cela va sans dire !

L'électron libre que j'étais, on ne le qualifiait ni d'étrange ni de bizarre. Bien que tout juste sorti de ma cruelle phase de « boutonnage », je n'étais ni charmant ni brillant, et tout mon être semblait le crier : j'étais fort souvent mis à l'écart par mes congénères. Ce qui générait surtout cet écart, c'est que l'on m'avait toujours trouvé une drôle de façon de parler. Il était d'avis général que je parlais « comme un vieux », que je m'exprimais d'une façon peu commune. Alors que ce drôle de langage m'avait accompagné depuis ma petite enfance sans sembler choquer quiconque, il s'était intensifié au lycée et faisait forte impression. Quelle veine ! Après les pustules faciales, on me reprochait mon élégant parler. Quel culot surtout. (« Culot » s'écrit en un mot, je n'ai pas le « cul haut ». Il se situe relativement à hauteur moyenne, point d'anomalie de ce côté-là. Pourquoi diable parlé-je de mon popotin ?)

Bref. Alors que mon entourage était doté d'un vocabulaire plutôt commun, pour une raison que l'on ignorait, je m'exprimais dans un langage soutenu. J'étais certes littéraire à l'époque, mais plus lecteur de grandes sagas, tels que *Hunger Games* ou *Divergente,* que de Victor Hugo. Ou *Twilight*. (J'ai beaucoup hésité avant d'insérer cette honteuse information.) Alors ce langage châtié, on ne l'expliquait pas. Il sortait de nulle part et surprenait beaucoup. Il faut dire, quand vous demandez à un jeune « *wesh, poto, où c'est qu'il est le domac* » et que ni une ni deux celui-ci vous répond : « *Ma foi, jeune troubadour, si je ne dis point de sottises, l'auberge que vous convoitez se situe à babord toute* »… il y a de quoi être désemparé. Ou « *kécho sa race* », pour reprendre le doux langage de notre charmant personnage.

Cette spécificité s'étant accrue un peu plus chaque année, elle devint au lycée une contrainte sociale et fit de moi le sujet de quelques railleries. Il faut avouer que c'était tout de même très original, et il n'en faut pas beaucoup aux adolescents pour faire du pauvre petit geek poli que j'étais la risée de toute une promo. Cruelle génération. Et si vous vous retrouvez entre ces lignes, très cher, si vous avez également vécu de sombres moments durant vos années lycée, alors j'espère de tout cœur que ce récit saura vous conforter : on fait de notre vie ce qu'on décide d'en faire, et toute originalité nous fait briller, telle une étoile dans le ciel nocturne.

Alors quelques années plus tard, après un commencement d'études supérieures maussade, je décidai de changer du tout au tout. C'en était assez de se laisser influencer par des normes ennuyeuses instaurées par je ne sais qui. Je devais prendre une revanche sur tout cela, porter le message que quelle que soit la bizarrerie, l'individualité ou la spécificité, elle détient sa place dans ce monde.

Quitte à ce que l'on me trouve étrange, il fallait l'être de façon parfaite et spectaculaire : si l'on me trouvait démodé, j'allais devenir antique. Si l'on qualifiait ma façon de m'exprimer de désuète, elle allait devenir moyenâgeuse. Et si l'on me trouvait discret, je serai extravagant. Tant d'idées qui me menèrent lors d'un énième confinement à dévoiler ma vieille carcasse sur TikTok sous l'allure du gentilhomme que je m'étais exercé à devenir. Le petit Thomas discret n'était plus, il avait laissé sa place à Monsieur Pof, pour le meilleur et pour le pire.

Comme c'est beau ! L'on pourrait croire que je parle du tout nouveau super-héros de l'univers Marvel quand je décris un jeune homme s'étant changé en troubadour courtois muni d'une bouilloire qu'il agite dans tous les sens. Une bouilloire à laquelle j'ai donné un nom, qui plus est. Humour ou stupidité ? C'est à s'y méprendre. Quoi qu'il en soit, décider de devenir Gentleman (ou ce qui s'en approche) fut un changement majeur pour moi qui ne connaissais comme costume que celui du Professeur Layton et comme élégance que celle de Bowser.

Bien que doté de quelques lacunes qui font de moi un gentleman ayant la fâcheuse tendance à rapper ou prononcer de surprenants jurons du millénaire, je réussis en un sens. Car après tout, de quoi a-t-on besoin pour devenir un gentilhomme si ce n'est de bonnes manières et d'un tantinet d'élégance ? De bien peu, en réalité, et c'est ce que je découvris dans les grimoires dont je fis l'acquisition afin de procéder à ma transformation.

Bien peu, mais bien compliqué ! Mon langage d'antan m'aida certes à me donner l'image, mais le travail de recherche et d'apprentissage fut colossal ! Tant de mauvaises habitudes furent à bannir, et tant de jolis principes durent être adoptés ! C'en fut épuisant. Mais à mesure que je postais mes premières vidéos humoristiques en tant que tout nouveau gentleman Pof, je faisais de mon mieux afin de me renseigner. Mon professionnalisme en tant que gentilhomme vidéaste se devait d'être impeccable, pour compenser mon humour qui s'avérait parfois lamentable (ça rime) ! Oh ça, je ne peux prétendre que toutes mes boutades connurent un succès sans précédent ! Je ne compte même plus le nombre de flops monumentaux que certaines de mes blagues connurent… Car ce qui est très déstabilisant lorsque l'on fait des vidéos, c'est que ce qui nous fait rire, nous, n'est pas tout le temps drôle pour notre audience. En d'autres termes, il faut s'habituer à rire tout seul. Et n'ayant jusqu'à présent point d'amis, c'était plutôt le cas. Juste ciel, encore une fois je digresse ! Trêve de récit autobiographique, je vais partager mon savoir avec vous… Taïaut !

PARTIE 3

EN PRATIQUE

Nous y voici donc ! Le moment où je cesse d'étaler mon vécu dramatico-passionnant afin de vous dévoiler mon savoir aussi inestimable qu'un pot de confiture. Comme j'ai hâte ! Dans cette partie, je vous détaillerai tous les changements auxquels je fus tenu de procéder afin de devenir un vrai gentleman. En d'autres termes : passer d'un petit galopin à un élégant jeune homme. Ce ne fut vraiment pas tâche facile, et aujourd'hui encore je continue d'apprendre des choses ! Car mon objectif n'était pas simplement de devenir un charmant jeune homme aux bonnes manières que l'on peut croiser de nos jours (même s'ils semblent se faire de plus en plus rares avec la montée en puissance des *bad boys*, la faction ennemie – un jour, je réunirai assez de gentlemen afin de partir en guerre contre cette nation, parole de bon monsieur !). Non, je rêvais de me présenter en gentleman d'époque. D'être un véritable flashback, un anachronisme ambulant ! Cela constituait pour moi une source de blagues sans fin, moi qui avais toujours pratiqué (qu'il fonctionne ou non) un humour plutôt poli. C'était tout simplement devenu un rêve ! Alors dans cet objectif, je dus pousser l'étude bien loin et me lançai corps et âme dans cette mission bizarre.

Apprenons en toute courtoisie à dire sale !@!!?!#
Vil garnement de la street

CHAPITRE 6

Transformation de langue

Le parler courtois

Voilà l'étape la plus marrante. Comme j'ai pu vous le dire, j'avais depuis mon plus jeune âge des facilités à m'exprimer de façon sacrément polie. Eh bien ce ne fut pas du tout suffisant ! Afin de devenir gentilhomme de bals mondains et d'enjoliver mon vocabulaire, je dus apprendre moult mots que je ne connaissais même pas. Mais vous savez quoi ? Comme cela fut fun ! Je pris beaucoup de plaisir à agrémenter mon vocabulaire de quelques drôleries. Certaines nécessaires, d'autres absolument pas.

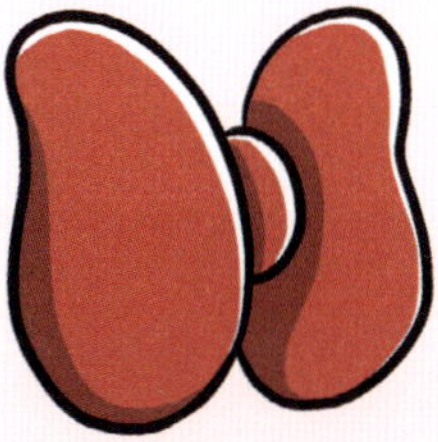

Les ajouts

Rien que pour vous, voici un petit top 5 des charmants termes que je me suis vu ajouter à mon vocabulaire :

1. Saperlipopette

Le fameux. Ceux d'entre vous qui me suivent depuis longtemps l'attendaient comme la pluie : je le dis **TOUT LE TEMPS**. Un peu parce qu'il peut être utilisé dans absolument n'importe quelle situation. Vous faites une gaffe ? Saperlipopette. Vous êtes étonné face à une révélation ? Saperlipopette. Un galopin vous ennuie et n'est pas réceptif à vos clashs courtois ? Saperlipopute. Eh oui, j'ai la folie de m'autoriser de coquettes petites variantes de temps à autre ! Je pense que s'il me plaît autant, c'est parce qu'il est vraiment d'époque. À chaque fois que je le prononce, j'ai l'impression de cracher un bibelot poussiéreux de brocante. Mais aussi parce qu'il est sacrément satisfaisant à prononcer… Si un jour je fais un rap, comptez sur moi pour faire de « Saperlipopette » le titre du son de l'été.

2. Sapristi

Le seul et l'unique ! Comme je l'aime, ce petit bout de chou ! Je l'utilise un peu moins souvent que saperlipopette, mais il fait tout de même très bien son travail. Juron familier marquant l'étonnement, l'impatience, l'exaspération, il est très similaire à saperlipopette, mais permet d'économiser un peu de salive : il est plus court. Mais comme on dit, tout ce qui est petit est mignon, alors adoptez-le donc !

3. Très cher

Pas vraiment une interjection, je pense que je dois à présent le dire plus souvent que bonjour. Comment allez-vous, très cher ? Très cher, remuez-vous un peu. Ne vous comportez pas de la sorte, très cher. Comme parfois le vouvoiement est loin d'être assez, afin d'avoir l'air poli, j'ai eu tôt fait d'adopter ces deux petits mots : « très » et « cher ». Il est toutefois peu poli de dire des sottises. Alors, comment être sûr que la personne à laquelle vous vous adressez est bel et bien très chère et non pas peu coûteuse, me demanderez-vous ? Eh bien je pense que tout corps humain est constitué d'organes pouvant être revendus à prix fort. Et puis, « très cher » est tout de même bien plus élégant que « en promo ». J'essaierai une fois de saluer la marquise ainsi : « Bien le bonjour, mère-grand en promo ! » Je vous dirai si j'ai survécu.

4. Juste ciel

Arrivés plus tard dans mon vocacabulaire (mille excuses, la crêpe a esquivé la poêle), ces deux mots auront tôt fait de conquérir les terres de mes pensées. « Juste ciel ! » est une interjection s'utilisant aussi bien pour marquer la surprise que l'horreur ou la honte. Une réaction forte en soi. Et non pas en tissu. Je ne vous cache pas que lorsque j'ai commencé à l'utiliser, on ne comprenait pas toujours de quoi je parlais. Je me souviens qu'une fois à un pique-nique au château, alors que je gambadais dans les champs, je plongeai soudainement le pied dans une bouse plus moelleuse qu'un flan. « Juste ciel ! » hurlai-je. Eh bien toute ma famille a levé la tête vers les nuages en pensant qu'un Justin allait tomber du ciel. Je vous jure, ces nigauds de Pof !

5. Camarade

Comme j'ai multiplié les sobriquets afin de vous qualifier, très chers abonnés ! Tantôt ce fut « petits pofs », puis « châtelains », puis « poufs » (je vous taquine). Mais finalement, le terme qui m'est le plus naturellement venu à l'esprit et auquel je me suis le plus attaché, c'est bel et bien camarade. Je ne m'en défais plus. Je trouve qu'il ajoute un peu de chaleur et qu'il nous lie d'une amitié indéfectible : une camaraderie. Alors, quand je croise quelqu'un que je connais un tant soit peu, je lui lance : « Bien le bonjour, camarade ! » Et généralement, à cela on me répond : « Je ne te connais, pas dégage. » Comme j'adore mes nombreux amis !

6. Bien le bonjour

Avais-je dit que cela serait un top 5 ? Sapristi ! Il semblerait donc que celui-ci se soit hissé ex æquo avec « camarade ». Pour la simple et bonne raison que tel un salarié exploité, je l'emploie tout le temps ! Certains me diront que ce n'est guère très élégant, que cela fait plutôt familier. Eh bien, la familiarité n'est parfois pas contraire à l'élégance ! Surtout quand on est un pachyderme tel que moi, qui multiplie les pas chassés entre deux époques. J'adore dire « bien le bonjour », cela appuie un peu plus le bonjour et lui donne une sonorité plus sincère. À l'entendre, j'ai presque le sentiment d'apporter un échantillon de bonne humeur dans la pièce !

Voici les 6 mots qui vinrent s'immiscer dans mon vocabulaire, tels des vers dans une poubelle en décomposition (mon lyrisme laisse à désirer, aujourd'hui). Et avec mon timbre de voix plutôt chantant et mon vocabulaire plutôt complet, ils eurent tôt fait de marquer les esprits ! Bien entendu, ce ne sont point les seuls et il me faudrait étaler sur le papier l'équivalent de la moitié d'un dictionnaire du siècle passé afin de vous détailler tous les ajouts que j'ai pu apporter à mon langage. Enfin, je ne suis point Molière non plus, et j'ai la très fâcheuse tendance à m'emporter et m'exprimer tel un freluquet. D'ailleurs, il m'est parfois arrivé de devoir simplifier mon discours dans certaines publications ! Qui l'eût cru ? Certains mots s'avéraient apparemment un peu trop recherchés et échappaient au sens des plus petits. « Recherchés », « échapper »… Vous devez penser que je parle d'un bandit en cavale. Mais que nenni, le seul bandit présent dans ce livre est celui qui m'a volé mon sens de l'humour !

Les retraits

Je vous ai beaucoup parlé des ajouts, mais qu'en est-il des retraits ? On dirait que je parle d'implantation mammaire... Pas de panique, je ne prévois pas d'acquérir la silhouette de la Castafiore, même si c'est une dame que j'admire. En effet, moult petits mots parasitaient mon vocabulaire et gâchaient mes efforts de langue.

Concernant les hésitations, « euuuh » et « genre » étaient beaucoup trop présents et furent remplacés par « hum » et « à l'instar ». En effet, « hum » peut être considéré comme l'équivalent poli de « euh », je l'ai décrété et personne ne m'en empêchera !

Mais ce furent surtout les jurons que je dus chasser à grands coups de bâton : « putain » devint « sapristi », « merde » devint « flûte », « aïe » devint « ouille », « saloperie » devint « nuisance ».

Quant aux insultes... Sapristi, comme j'étais vulgaire autrefois ! « Connard » devint « petit impertinent », « dégage » devint « du balai », « va te faire foutre » devint « je vous invite aimablement à aller voir ailleurs si j'y suis », « sale pute » devint « pouilleuse gourgandine », « enculé » devint « empalé par un sceptre royal » et « sac à merde » devint « balluchon en soie scintillante, tissé à la main, contenant en son sein un joli tas de merde ».

Les dictons

Enfin, il me tenait à cœur de partager avec vous les dictons, proverbes ou expressions que j'affectionne le plus. Car quand on est gentleman, on a le sens de la poésie et de la métaphore, et on aime bien ponctuer son récit de quelques joyeux dictons d'époque. Point de panique, l'ami, ils sont très simples et vous les avez peut-être probablement déjà entendus. Allez, sans plus tarder, lançons-nous dans leur étude et qui sait, peut-être souhaiterez-vous en adopter certains !

« ***Pierre qui roule n'amasse pas mousse*** »

Cette expression signifie qu'une vie instable et tumultueuse empêche d'accumuler les richesses. Bah oui, seules les pierres qui restent longtemps au même endroit se recouvrent peu à peu de mousse ! Ceci dit, aujourd'hui, je ne sais guère si c'est toujours vrai : des personnes qui voyagent beaucoup et font souvent la teuf ont parfois plus de chance d'avoir une vie épanouie. Bon, pour l'accumulation de la moula, cela reste à voir. Quoi qu'il en soit, j'ai longtemps ignoré le sens de cette expression, que je m'amusai à lancer au hasard des conversations. Comme il était hilarant d'observer les regards désemparés de mes interlocuteurs, qui parfois prétendaient comprendre un dicton que je ne comprenais pas moi-même…

« ***Revenons à nos moutons*** »

Comme elle est connue, celle-ci ! Elle revient à dire « revenons au sujet de notre conversation » quand quelqu'un digresse. Je l'adore et la recommande fortement ! À utiliser avec parcimonie toutefois, ou l'on vous prendra pour un berger déguisé en gentleman.

« ***La cinquième roue du carrosse*** »

Ce joli dicton sert à désigner une personne inutile. Et comme je l'ai été fort souvent, cette expression fait partie de mes proverbes préférés ! Quelle élégance, tout de même, comparer le composant d'un élégant carrosse avec quelqu'un qui ne sert à rien… C'est un peu ça, la vie courtoise : rester poétique et flatteur même si notre but premier est de remettre un malotru à sa place.

« ***Mieux vaut tard que jamais*** »

N'est-ce point là un dicton fort réconfortant ? Il n'est jamais trop tard pour bien faire, comme je suis en phase avec ce proverbe ! Bon, n'exagérons rien, il est vrai que quand je l'emploie, c'est sur un ton sarcastique sous-entendant « c'est pas trop tôt... » Mais je ne peux qu'adhérer avec son sens premier : il n'est jamais trop tard pour faire le bien. Jamais trop tard pour abandonner ses mauvaises manières et adopter une vie courtoise ! N'est-ce point, chers lectrices et lecteurs ? Il serait opportun que je me calme, j'ai parfois l'impression de tenter de former une secte.

« *Vivre une vie de bâton de chaise* »

Une vie désordonnée, chaotique. Ce dicton me vient de ma chère mère-grand, qui elle-même le tient de sa mère. Qui sait jusqu'où remonte cette expression dans la généalogie Pof ? Peut-être même jusqu'à ses racines. Quoi qu'il en soit, voilà une phrase à adopter pour qualifier vos camarades dont le quotidien se compose de fêtes de dépravés, de coups d'un soir et de consommation de gnôle bien trop abusive. « Mais très cher, vous menez une vie de bâton de chaise ! » En revanche, je ne saurais vous expliquer pourquoi un bâton de chaise aurait une vie chaotique. Quoi qu'il en soit, n'hésitez pas à l'employer pour qualifier avec politesse la vie de décadence de vos semblables qui se prennent peut-être même des bâtons de chaise là où je pense.

« *Mettre la charrue avant les bœufs* »

Faire les choses à l'envers ! Combien de fois ai-je pu tomber sur des malotrus faisant les choses dans le désordre ! Chaque chose en son temps (saperlipopette, un dicton dans un dicton). N'hésitez pas à employer celui-ci en toute occasion, lorsque l'on vous demande de faire quelque chose plus tôt qu'il ne devrait être fait. Comme se lancer dans de passionnés coïts avec une personne avant d'apprendre à la connaître. Qui diable ferait donc cela ? Probablement les énergumènes menant une vie de bâton de chaise.

« Se croire sorti de la cuisse de Jupiter »

Bon, je reconnais que celui-ci peut sembler quelque peu ouatte zeu feucke (wtf) et peu courant. Mais je vous assure qu'il est utile ! Il s'emploie pour qualifier une personne prétentieuse et imbue d'elle-même. « Mais malotru, te crois-tu sorti de la cuisse de Jupiter ? » Croyez-moi, le temps que votre interlocuteur comprenne votre phrase, vous aurez eu le temps de placer deux trois autres punchlines et Pof, échec et mat. Victoire furtive et stratégique. Ne me remerciez pas.

« Une histoire à dormir debout »

Je suis persuadé que vous l'utilisez couramment. « C'est tout bonnement une histoire à dormir debout, très cher. » Si tel n'est pas le cas et que vous dites encore « t'es un mytho, wesh », adoptez donc cette jolie formule vous permettant de dire à votre interlocuteur qu'il raconte des salades. Tellement de salades qu'elles rempliraient un potager. Et de plus, vous le dites avec élégance. Mais que demande le peuple ?

« Que demande le peuple »

Quelle jolie transition j'ai fait là, d'un dicton à l'autre ! Presque aussi gracieuse que mes transitions TikTok. Diantre, où en étais-je ? Ah oui : l'antique expression « que demande le peuple » vous permettra de signifier à un individu qu'il est bien trop exigeant, qu'il ne peut demander plus que ce qu'il n'a déjà. En d'autres termes « tu veux quoi d'plus, bouffon, va ? » serait un équivalent plus ou moins approprié. Ainsi, lorsqu'un malotru vous demandera le beurre, l'argent du beurre et le cul de la crémière, vous pourrez vous indigner : « Mais que demande le peuple ? »

« ***Un twerk vaut mieux que de deux tu l'auras*** »

Antique dicton initialement utilisé par Clovis VII, surnommé « cloclo le s » au château, son utilisation était très répandue à la Cour. Particulièrement lors des bals. En effet, lorsque les gentilshommes et les dames se déhanchaient sur le dancefloor, il arrivait que certains s'avèrent quelque peu économes sur les cadences de leurs déhanchés. Alors, sans trop tarder, les valets et les domestiques s'empressaient de rejoindre les danseurs élégants afin de leur chuchoter à l'oreille : « Très cher, un twerk vaut mieux que deux tu l'auras. Reprenez-vous, je vous prie. » Et sur ces belles paroles, la bourgeoisie se lançait généralement dans un twerk déchaîné, propulsant de plus belle leur popotin dans le vent afin d'éblouir la Cour du roi de leur « *moves* qui *dead* ça ». Comme les choses étaient bien faites, à l'époque !

Croyez-moi, si vous adoptez ce changement, le respect vous attend au tournant. Et les rires, aussi. Je ne vous cache pas qu'en tout premier lieu cela me fit tout drôle et je ne pus m'empêcher de me fendre la poire en rigolant de ma propre poire.

Avec ces vingt-trois couches de beaux vêtements, je suis d'autant plus élégant !
Ooooh, j'ai trouvé Totoro !

CHAPITRE 7

Métamorphose de style

Abordons maintenant la question de la tenue vestimentaire, l'ami. Comment diable se vêt un gentleman des plus guindés ?

Pour ma part, j'ai eu le plus grand mal à dénicher de fringants vêtements. Mais après le fond, la forme, comme qui dirait ! Équipé d'un joli petit arsenal de mots d'époque, il était impératif d'y associer un zeste de grâce. Comme un savoureux Big Mac composé d'un zeste de graisse. Toutefois je souhaitais être très gracieux, et non pas très gras. (Cette tendance que j'ai à perdre le fil, vous devez me haïr…) Enfin bon, aux grands maux les grands remèdes.

Afin de m'approcher le plus possible d'un style décrit comme classe, il fallait avant tout que je me débarrasse de mes guenilles. Hop ! À la poubelle, les sweat-shirts de gueux, les jeans troués de malotrus et les slips de gourgandin. Sans parler de mes chaussettes dépareillées, de mes chaussures de sportif (même si j'étais aussi sportif qu'un paravent) et de mes manteaux beaucoup trop larges qui me donnaient des airs de sac IKEA. Je fis un bon feu de camp avec toutes ces horreurs, fier de ma résolution. Mes parents se déchaînèrent lorsqu'ils apprirent que j'avais brûlé toutes les sapes qu'ils m'avaient achetées parfois très cher, mais peu m'importait. Ce qui m'importait surtout, c'était qu'il ne m'était point venu à l'esprit de m'en acheter d'autres, des affaires, avant d'y mettre le feu. Je n'avais conservé qu'un caleçon en laine, et mes géniteurs refusèrent de me prêter quoi que ce soit. La belle affaire. Je me vis dans l'obligation de littéralement faire trois trous dans un sac IKEA afin de m'en faire une tunique. Si c'est pas un sale coup du karma, ça, je n'aurais pas dû clasher mes pulls-parachutes.

Dorénavant, je ne porterai que du classieux, du prestigieux. Fini l'époque de la décadence vestimentaire, et du haut de mes 21 ans je revivrai probablement. (Même si au vu de la colère de ma mère je mourrai probablement.) Vêtu de ma tunique en plastique bleue sponsorisée et de mon slip en poil de moutons, je sautillai gaiement jusqu'à la première galerie commerciale afin d'éclater mon salaire (dans le négatif) d'étudiant.

Afin de déterminer quel style vestimentaire me conviendrait le mieux, j'avais entrepris quelques recherches sur la mode des gentlemen dans l'histoire. Et faire un choix fut fort difficile ! Il y en avait tellement ! J'aurais pu par exemple décider de me fondre dans le XVIIe siècle, mais je fus confronté à un inconvénient majeur : à cette époque, la mode était aux énormes costumes faits de dentelles, tissus, bottes et autres dorures. Non pas que cela me déplusse, bien au contraire, le problème était qu'il suffisait que l'on rajoute à cela une perruque frisée pour que je devienne le sosie de Louis XVI. Et bien que je n'aie rien contre ce vaillant gaillard, j'avais pour intention de rajeunir le mouvement des gentlemen, et non l'inverse ! Donc ce n'était pas la bonne option.

Un peu plus tard dans le temps, au XIXe siècle, la mode devient un peu plus sobre et les costumes, plus sombres. C'est ma chance, me dis-je ! Que nenni ! L'inconvénient cette fois-ci : le haut-de-forme. Vous savez, ce chapeau très haut, devenu le symbole des gentlemen de cette époque ? Au-delà de son caractère très voyant (ce qui ne me dérangeait pas plus que cela), je n'y voyais pas vraiment l'esthétique. Et qu'est-ce que ces accessoires étaient hauts ! Je pouvais être sûr que s'il faisait orageux dans le ciel, la foudre s'abattrait sur ma tête. Oh, et c'était à cette époque également la mode des redingotes, ces vêtements entre la veste et le manteau laissant flotter l'équivalent d'une demi-cape dans le dos. Bien que ceci soit fort élégant, il était un peu tôt pour me vêtir tel un demi-super-héros. Superpof arrivera en temps voulu, n'ayez crainte ! Pour l'instant, veuillez m'appeler Superpouf. Tel un Pokémon, je n'en suis qu'à mon évolution intermédiaire : il me faut encore gagner quelques combats contre des malotrus afin de parfaire mon évolution.

Puis les costumes des années soixante, plus colorés que la robe Desigual d'une prof d'espagnol. Tous ces costumes à la David Bowie dépeignant un gentleman « nouvelle génération », mais plus trop dans les codes de la sobriété. Snif. J'ai une fois essayé d'en porter un vert, jaune et rouge, mais j'ai eu le malheur de longer une route : on m'a pris pour un feu de signalisation et trois calèches se sont dit bonjour d'un peu trop près.

Non, il me fallait quelque chose d'à la fois élégant, raffiné mais tout de même pas trop extravagant. Alors la solution fut toute trouvée : j'optai pour le style vestimentaire du XXe siècle. Des costumes trois pièces, relativement simples, agrémentés d'une chaînette et, soyons fous, d'un nœud papillon ou d'une cravate ! Ainsi, je m'assurai qu'on ne me confonde pas avec un figurant de la série *Bridgerton* en cavale.

Si mon but était de montrer que tous les styles vestimentaires existent et que l'on peut être fort bien fringué au quotidien, je dois bien avouer qu'au début j'avais l'impression d'être déguisé en permanence, de m'apprêter à interpréter un prince charmant dans la prochaine comédie musicale sur glace. Mais cela n'avait aucun sens car je patine aussi bien qu'un steak tartare.

Au début, j'avais cette inconfortable impression de ne pas être vêtu « normalement ». Mais au fil du temps, retournement de situation ! Mes anciens goûts vestimentaires s'atténuèrent et, très vite, j'en vins à ne plus jurer que par les costumes ! Financièrement, avec mon petit salaire d'alternant, ce n'était pas toujours la joie : les costumes trois pièces coûtent très cher, sans parler des accessoires… D'ailleurs, on m'a beaucoup demandé si je sollicitais les services d'un tailleur. Eh bien que nenni, j'ai toujours procédé à l'achat de mes costumes en prêt-à-porter. Cela m'aurait pourtant été très utile ! Je ne suis guère bien grand, et on a la fâcheuse tendance à qualifier ma taille d'« extrême ». Rien de sensationnel : cela veut simplement dire que mes mesures sont si petites que soit il n'y en a pas en stock, soit on me redirige gentiment vers le rayon enfant. **LAISSEZ-MOI M'OFFUSQUER, MESSIEURS DAMES BON SANG DE BONSOIR !** Moi qui me casse le ciboulot à me faire gentleman de la tête aux pieds, on m'annonce à présent que je dois me vêtir de fringues miniatures initialement conçues pour des Schtroumpfs ?!

Tout cela pour dire que je dus trop souvent vendre un rein pour obtenir un costume qui m'aille. Mon objectif, qui peut paraître stupide, était de collectionner un costume de chaque couleur, afin de constituer un éventail arc-en-ciel d'élégance et de prestance (métaphore sponsorisée par My Little Poney et les Winx).

En ce qui concerne les accessoires, me vint très vite la passion de toutes ces petites choses qui rendent le quotidien plus élégant ! Que ce soient les gants de conduite, les manteaux longs, les montres à gousset ou les éventails, je ne pouvais m'en défaire ! Sans parler des tissus de soie que je fis broder de mes initiales, qui me permettent de déposer gracieusement les excès de morve projetée par mes narines. Miam ! Et avec un peu de dentelle par-ci et quelques roses par-là, comme la vie devint charmante dans mes parages ! Je ne voyais plus dans le miroir un effronté jeune homme en quête de sens dans une vie d'excès et de déboires, mais un élégant gentleman qui faisait de son mieux pour se bonifier, s'instruire des savoirs de l'époque et tenter de les répandre sur la toile avec beaucoup de grâce. Et un tantinet d'humour, sapristi !

En tout et pour tout, s'il est bien une leçon que j'ai tirée de ce radical changement vestimentaire… **C'EST QUE PARDI CE QUE C'EST SUPER CHER, LES COSTUMES !** Mille excuses, je me suis laissé emporter. Où avais-je la tête ? Peu importe comment vous percevez la mode, le plus important, c'est qu'elle soit en accord avec votre volonté. Si vous désirez, très cher, une vie d'élégance et de grâce, alors faites comme moi et endettons-nous joyeusement pour satisfaire nos besoins de dentelle !

Mais si vous pressentez en votre for intérieur que vous aspirez à devenir punk, *bad boy*, lolita, hippie, *casual*, *streetwear*, rock'n'roll, pop, ou même boîte de conserve, alors pas de chichis, l'ami, adoptez pleinement ce style vers lequel vos envies vous portent. Nous n'avons qu'une petite vie faite d'une poignée d'années. Alors, comme je me plais à me questionner si souvent : « Qui diable pourrait nous empêcher de transformer notre quotidien en une aventure des plus rocambolesques ? »

Ne me laissant distraire par personne et muni de ces drôles de costumes et de ce langage des plus original, je pris un malin plaisir à déverser des folies humoristiques dans des vidéos sur le web, tirées au plus fort de mon inaliénable personnalité de gentleman. « *Fake it until you make it* » (prétends-le jusqu'à ce que tu le deviennes), serait-il donc le message à retenir ? Que nenni, l'ami ! J'opterais plutôt pour : « Désirez, étudiez et accomplissez. » Comme c'est joli. Pour parfaire ce sublime proverbe que le philosophe aguerri en moi vient de produire, je rajouterais tout de même un : « Puis pétez un coup. » Le ridicule n'a jamais tué personne, et qu'est-ce qu'on se fend la poire quand nous sommes nous-même notre meilleur public !

Plus que tout au monde,
veillez à adopter un
savoir-vire irréprochable !

CHAPITRE 8

Les bonnes manières

Toutes mes félicitations, l'ami ! Si vous arrivez jusqu'ici, cela signifie que vous avez lu ma jolie petite histoire de vie, entremêlée de conseils. Comme cela me ravit ! Mais vous pensiez que l'aventure s'arrêtait là, fifrelin ? Que nenni ! Passons à présent à une étape des plus cruciales : les bonnes manières. Car, très cher, être un gentleman, c'est aussi savoir bien se comporter. Lâcher un pet dans le visage de votre camarade n'étant pas vraiment un bon comportement. En somme, une vie de tous les jours faite de respect, de grâce et d'authenticité… et non de twerks, de *bottle flips* et de concours de rots. De bien sombres mœurs en vogue chez les jouvenceaux et jouvencelles, et contre lesquels je lutterai jusqu'à mon dernier souffle poétique !

Les salutations

Saluer quelqu'un poliment, c'est primordial ! La façon dont on aborde un individu a tendance à définir l'allure que prendra la conversation, et indirectement, l'image qu'il a de vous. Par exemple, si vous marchez dans la rue et que vous croisez une tante éloignée, abstenez-vous de la plaquer au sol tel un rugbyman enragé. Cela pourrait en effet la tuer.

À la place, tentez une approche élégante accompagnée d'une révérence et adressez-vous à elle ainsi : « Bien le bonjour, chère tante Quechua, comme cela m'enchante de tomber sur vous ! Puissiez-vous savourer une journée des plus plaisantes et à très bientôt, madame, du moins je l'espère ! » Certains diraient qu'à lui parler si bien, on pourrait penser que je lui dois de l'argent, mais pour moi c'est bien le minimum syndical. Et puis, le nom de cette tante, ça commence à faire pas mal de placements de produits bénévoles. Je m'en vais de ce pas contacter le PDG de Decathlon afin de lui montrer à quel point je promeus bien ses tentes. Et non pas sa tante, je ne la connais pas. Et ne lui dites pas que j'ai envisagé de la plaquer au sol tel un rugbyman, cela pourrait peut-être l'offenser.

Le vouvoiement

Il me tardait davantage d'aborder ce sujet que Christophe Colomb d'aborder l'Amérique, ou un charo d'aborder une dame qui ne lui ferait même pas la bise. Mais combien de fois, ô combien de fois ai-je dû réclamer le vouvoiement ? Voilà quelque chose qui se perd tant de nos jours ! On a beaucoup trop tendance à tutoyer. Alors, au début de mon épopée sur les réseaux sociaux, j'ai pris la lourde décision de devenir ambassadeur du vouvoiement : désormais, tout un chacun s'exprimerait dans les sections commentaires de mes vidéos en vouvoyant et avec le plus de politesse possible. Et qui l'eût cru, mes fidèles compères joignirent très vite cet audacieux mouvement ! Même ceux ayant le plus de difficultés avec l'orthographe et la grammaire jouèrent le jeu et firent des efforts, et ne serait-ce que pour cela je leur voue le plus grand des respects et la plus sincère des affections. Que ce soit avant ou après ma transformation en gentilhomme, combien de fois un inconnu m'a-t-il tutoyé sous prétexte que j'avais l'apparence d'un étudiant ? Bien souvent, ce sont même les anciennes générations qui s'avèrent les plus vulgaires… Même si l'on se doit de respecter les plus âgés, un malpoli reste un malpoli qu'il ait 20 ou 83 ans. Un malpoli avec plus de rides et de bourrelets, mais un malpoli quand même !

Les conversations

Les bonnes manières se traduisent également par de charmantes conversations ! Eh oui, quand on est courtois, on évite les sujets de conversation fâcheux. N'auriez-vous pas la vile manie de parler de choses indiscrètes ? Lorsque vous rencontrez quelqu'un, après lui avoir fait une charmante révérence et non pas une prise de catch, veillez à ce que votre premier sujet de conversation ne soit pas vos ébats avec la gourgandine de la veille, ou vos problèmes gastriques vous causant de sévères diarrhées.

Je précise, parce que de nos jours j'ai l'impression que plus rien n'est privé ! Non pas que cela soit une catastrophe majeure, mais je ne vois tout bonnement point comment articuler une conversation autour de sa cuite de la veille, des marques de bronzage sur ses fesses ou pire, de l'efficacité du CrossFit. J'ai beaucoup d'imagination, mais je préférerais encore parler d'un koala qui mange un prospectus que de tout cela.

Non, quand on a des bonnes manières, on lance des conversations autour de sujets charmants : la culture, les actualités, les vêtements, la nourriture, le tourisme, les Totally Spies, les polygones octogonaux… des sujets tout à fait essentiels, et puis, ça ne coûte rien d'essayer. Alors que les tickets à gratter si, ça coûte 2 euros, voire plus ! Mais cela n'a absolument aucun rapport.

Se faire bien voir

Expression qui n'a absolument aucun rapport avec « aller bien se faire voir », elle ne constitue pas vraiment une bonne manière, mais plutôt un objectif. Vous vous direz peut-être : « Mais il est stupide, le Pof, absolument tout le monde a comme objectif de se faire bien voir, et par tout le monde… »

JE NE VOUS PERMETS PAS, MALOTRU, COMMENT OSEZ-VOUS ? Serais-je en train de me fâcher contre une hypothétique réponse que vous n'avez peut-être même pas formulée ? Tout à fait. Il va décidément falloir que je me calme sur le thé au curry.

Lorsqu'on est poli, on évite d'être rude, ironique, cynique ou médisant devant quelqu'un. En d'autres termes, on essaie tout simplement de ne pas être trop désagréable afin qu'on ne se souvienne pas de nous comme de quelqu'un de mauvais.

Mais Monsieur Pof, me direz-vous, (il faut décidément que j'arrête de m'inventer des conversations avec vous), on ne peut pas plaire à tout le monde ! Et vous avez parfaitement raison, l'ami : certaines personnalités ne sont pas faites pour s'entendre. Toutefois, cela ne coûte rien de tenter d'être correct et qui sait, parfois cela marque le début de formidables amitiés !

La grâce

Juste ciel, comme je l'attendais ! Lorsque l'on est un bon gentleman, on ne bouge pas n'importe comment. Il existe en effet des « *guidelines* » dictant les façons dont notre corps doit occuper l'espace. Pour les plus assidus de mes spectateurs, vous aurez probablement noté l'élégante façon que j'ai de me mouvoir. Ou point, si la luminosité de votre appareil est réglée à 0 %, ou si vous êtes aveugle. Mais voilà bien les deux seules exceptions : ma grâce est aveuglante.

BOUM !

Mille excuses, mes chevilles viennent de concurrencer l'explosion d'une énorme centrale nucléaire.

Où en étais-je… Ah oui ! Se mouvoir avec grâce. Pour que vous visualisiez, c'est un peu comme si vous flottiez sur un nuage. Ou comme si vous aviez fait de la danse classique toute votre enfance : vous évitez les mouvements brusques et vous vous tenez le plus droit possible. C'est un tantinet difficile à décrire mais pour schématiser :

- Meghan Markle : gracieuse
- Sébastien Chabal : pas gracieux
- La Belle au bois dormant : gracieuse
- Nemo : pas gracieux
- Menu Maxi Chicken McNuggets : gras
- Salade : pas gras

Si avec tout ceci vous n'avez pas assimilé ce qu'est la grâce, je m'appelle Bernard-Philippe-Nemo…

Le charisme

« Les Français, ils ont tellement de **CHARISME** ! »

Connaissez-vous ce dicton d'une fameuse poétesse, chers camarades ? Eh bien ce n'est guère loin de la vérité ! Bien que cette qualité ne soit pas une bonne manière à proprement parler, les gentlemen français sont souvent dotés de charisme… Ou du moins font tout pour. Qualifié de « qualité d'une personne qui a le don de plaire, de s'imposer, dans la vie publique », je ne considère pas qu'elle soit essentielle mais qu'est-ce qu'elle me fait rêver, cette qualité ! Car, croyez-moi, voilà quelque chose de fort dur à travailler. D'une part car en raison de mon métier je ne vois pas grand monde au quotidien et ai de ce fait peu l'occasion d'exercer ce tant convoité charisme. D'une autre, car j'ai une personnalité plutôt timide, introvertie et réservée.

La poésie

Un chapitre Pof ne serait pas un chapitre Pof sans une petite touche d'extravagance. Être courtois, c'est aussi tenter de ponctuer son quotidien d'une poésie chantante. Tout du moins, c'est ce que j'essaie pour ma part de faire, et si vous saviez comme cela peut s'avérer coquet ! Par exemple, au lieu de demander « une baguette, connasse » à Caroline la boulangère du village, tentez quelque chose comme :

« Pourrais-je m'autoriser très chère boulangère,
À vous acheter l'une de vos baguettes légendaires ? »

C'est tout de même plus beau, n'êtes-vous point du même avis ? Notez que si elle répond « hein ?! », vous êtes en droit d'utiliser une poésie plus directe, afin qu'elle saisisse l'essence de vos dires :

« J'veux une fougasse,
Dépêche-toi, connasse. »

N'est-ce point magnifique, la poésie ?

(Note de l'auteur : Aucune boulangère n'a été maltraitée durant l'écriture de ce livre.)

PARTIE 4

LA VÉRITÉ VRAIE

Apprêtez-vous à entendre mes secrets les plus anciens, interdits et précieux…
Tu parles de ta diarhée de 2 mois ?!
Tais-toi !

CHAPITRE 9

Confessions

Que de belles choses avons-nous appris jusqu'à présent ! Une apparence soignée, un vocabulaire élégant, des bonnes manières… Vous devez avoir l'impression que devenir un bon vieux gentilhomme relève du parcours du combattant. Rassurez-vous, si vous appliquez le quart de la moitié de tout ce que je vous ai préconisé jusqu'à présent et que vous y mettez vraiment du vôtre, alors je vous accepte dans ma vaillante armée.

Lorsque l'on devient gentleman du jour au lendemain, tout le monde se demande si l'on joue un rôle. Comme au théâtre ! Voilà une chose que l'on a dû me demander une bonne centaine de fois. « Es-tu réellement comme ça dans la vraie vie ? » Saperlipopette, que faut-il donc pour être pris au sérieux ? Bien entendu, très cher, je m'efforce au quotidien d'appliquer tous ces principes de courtoisie. Même lorsque je me trouve seul dans mon vaste château, je fais la révérence aux statues et je converse poliment avec les rideaux. Et quel genre de gentleman ne dort pas en costume ? Si jamais une armée attaque le village et pénètre dans ma demeure, je ne tiens pas à être conduit à la guillotine en pyjama. « Plutôt crever », et je pense que cette locution est appropriée. Alors, à tous les malotrus qui vous feront la même question, demandez-leur en retour si, au quotidien, ils ont l'habitude d'être plus stupides qu'un ananas.

Ce qui est certain, c'est que ce brusque changement d'existence engendre questions et autres bouleversements, et il ne faut pas perdre de vue que tout gentleman a aussi ses faiblesses. Et moi aussi !

Drama King

Depuis mes débuts, je ne compte plus le nombre de fois où l'on m'a demandé : « Est-ce que c'est ta vraie voix ? » Tout d'abord, malotru des bas-fonds du cyberespace, adressez-vous à moi ainsi : « Ce doux son provenant des tréfonds de votre sublime gorge est-il authentique, très cher ? » Ensuite, je n'ai jamais réellement compris le fond de cette question, comment la voix que j'emploie afin de m'adresser à vous au cours de mes vidéos courtoises pourrait-elle être déformée ? M'accuseriez-vous d'avoir recours à la sorcellerie, vaurien ? Après une analyse calme et posée des choses, j'en suis venu à tout simplement me demander si cette question ne faisait point plutôt référence au ton, perçu comme « appuyé », que j'ai tendance à employer lorsque je m'exprime poliment…

Cette idée m'est apparue un jour, alors que ma calèche était postée au *drive* d'une grande enseigne de restauration rapide dont je tairai le McNom. Un jeune effronté m'a soudainement révélé qu'il appréciait mes tenues mais que mon intonation était un peu exagérée. En d'autres termes, il m'a dit mot pour mot : « J'aime bien tes costumes mais tu forces sur le ton, gros. » Si vous saviez comme cela m'a démangé de lui répondre poliment que j'employais généralement un gros ton pour m'adresser aux gros thons. C'est tout de même fou comme une seule lettre peut changer intégralement le sens d'une phrase ! Bien entendu, poli et froussard comme je suis, j'ai tout simplement attrapé mes nuggets, jeté quelques deniers sur le comptoir et filé à toute allure au volant de ma charrue en pleurant à chaudes larmes et maudissant le ciel de m'avoir fait ainsi. Moi, dramatique ? Certainement pas. Mais ce commentaire m'est resté. Alors, l'ami, je ne vous donnerai qu'un conseil : si quiconque insulte de quelque manière que ce soit votre timbre de voix, ne faites pas comme moi et ne vous retenez pas de jeter à votre interlocuteur quelques punchlines bien méritées. En toute poésie et intelligence, bien sûr.

Le style

Quand on est gentleman, on n'est pas constamment au summum de l'élégance. Il est vrai que sur les vidéos que je diffuse, j'ai tendance à me montrer vêtu du plus beau de mes costumes, mais sachez que ce n'est pas le cas tout le temps ! Je ne poste qu'une version travaillée et épurée de ma personne, mais au quotidien je peux avoir l'air d'un véritable déchet dont la poésie n'avoisine même pas celle de Bob l'éponge. En effet, cela m'arrive de porter un bon vieux joggo, même si je prie de tout mon être pour ne croiser personne… Lorsque cela arrive, vous devriez voir le regard sidéré et désemparé des gens : trahison et ébahissement se lisent dans leurs yeux. Mais personne n'est sur son trente-et-un en permanence, et je ne m'excuserai pas de sortir ma poubelle en caleçon Hello Kitty et T-shirt Babar ! Comment donc ? Vous aurais-je dit que je dormais en costume ? Vous devez vous tromper de gentleman…

La vulgarité

Bien que poli, on n'a pas toujours la patience. Voilà quelque chose de bien vrai ! Même avec toute la bonne volonté du monde, si la tête de poutre qui nous importune n'est pas réceptive à notre argumentation élégante et poétique, nous n'avons d'autre choix que d'avoir recours à la vulgarité. Mazette, je ne vous apprends rien, comme vous le savez, j'ai une fâcheuse tendance à ponctuer mes fins de phrase d'un léger gros mot. Très léger.

Le blues

Comme tout le monde, les gentilshommes ont des coups de blues. Eh oui, l'ami. Personne n'est exempté des aléas de la vie. Voilà quelque chose que je n'aborde pas du tout dans mes vidéos et sur lequel je ne souhaite guère m'attarder, mais même les messieurs polis ont des hauts et des bas. Plus d'une fois, je me suis effondré en promettant de tout laisser tomber : que ce soit en raison de trop de travail, de pression, d'incompréhensions, de mauvaises intentions, de chagrin… il arrive à tout le monde de souhaiter lâcher prise. Et dans ce cas précis, l'ami, il n'est guère digne d'un gentleman de se morfondre publiquement : autant qu'on le peut, il est admis de partager sa peine à ses proches, mais point de les exhiber sur le web ! Du moins est-ce la démarche dans laquelle je suis : votre bon vieux Monsieur Pof ne souhaite partager que son drôle de monde et ses boutades. Allons, de quoi aurions-nous l'air à pleurer ensemble comme un bon tas de madeleines ? (Je n'ai jamais compris pourquoi ce gâteau pleure.) Cela est aussi vrai sur les réseaux sociaux qu'en société, l'ami, ne partagez vos peines et vos tristesses qu'avec votre famille et vos amis de toujours. Il n'est pas utile de proclamer un discours dramatique sur vos problèmes de covoiturage à toute la cantine du lycée. Tout ce que vous risquez, c'est de recevoir une poire dans la poire.

La solitude

Un gentleman aimable en société n'est point forcément toujours entouré. On a souvent l'image du gentilhomme comme étant perpétuellement en soirée mondaine, s'épanouissant dans les cocktails les plus huppés et trinquant son verre de cristal en riant aux éclats. Eh bien, pour être tout à fait honnête, ce n'est guère mon cas… Pour le moins, à l'aube de ma vingtaine, je ne raffole pas pour l'instant de ce genre de choses. Je ne suis pas non plus un ermite me nourrissant de boîtes de conserves et de racines cuites au fin fond du Périgord ! Mais j'ai bien peu d'amis, et je ne me rends quasiment jamais en soirée…

Peut-être parce que celles d'aujourd'hui consistent trop souvent à se remplir le gosier d'alcool avant de faire la danse de l'hippopotame sur le *dancefloor*… (Je vous montrerai un jour, c'est très plaisant à regarder.) Tout ça pour dire que nous n'avons pas à raffoler du contact social pour être raffiné et courtois. À noter, l'ami, à noter !

Je suis une fée
Mais wesh…
Ça va barder !!!
???

CHAPITRE 10

Mon univers, le vrai !

Mon charmant petit univers. Comment diable aurais-je pu réaliser un ouvrage sans parler de la fameuse famille Pof et de l'univers qui gravite autour !

Dans mes vidéos, je mets en scène la rocambolesque famille du gentleman dans des saynètes humoristiques du quotidien. Tel un véritable programme télévisé mettant en lumière une famille au château, en quelque sorte. Permettez-moi de vous présenter cet incroyable casting.

MONSIEUR POF

Gentleman et bien entendu personnage principal de l'émission, c'est le grand frère qui déploie tous les efforts du monde afin de rester calme et courtois. Et ce malgré toutes les sottises et vulgarités auxquelles les membres de sa famille le contraignent, ces saloupiots. Apprécie tout ce qui est raffiné et respecte plus Mozart et Vivaldi que sa propre mère.

STATISTIQUES DU CHAMPION

Points de vie	500	Rapidité	3/10	Intelligence	9/10	Force	4/10

Point fort	Poésie
Point faible	La mode des djeun'z

Arme fétiche : Marjorie (pouvoir 10/10), une élégante bouilloire convertie en arme destructrice et high-tech pouvant projeter des lasers et encastrer des malotrus. Super efficace sur la gente disgracieuse, et il y en a moult de nos jours.

MÈRE POF

Vêtue d'une tenue moyenâgeuse lui donnant des airs de La Laitière (vous savez, sur les étiquettes des pots de yaourt), c'est la génitrice des trois enfants Pof. Autoritaire et guindée, on la voit tantôt s'émouvoir devant *L'Amour est dans le pré*, tantôt enrager contre sa progéniture lorsque celle-ci l'y contraint.

STATISTIQUES DE LA CHAMPIONNE

Points de vie	800	Rapidité	4/10	Intelligence	5/10	Force	7/10

Points forts	Le gigot d'agneau et les mots fléchés
Point faible	Les quinquagénaires mâles alpha

Arme fétiche : Roberta (pouvoir 6/10), une très solide casserole lui permettant d'invoquer la puissance des dieux. Super efficace sur les enfants Pof, mais nécessite un temps orageux afin d'invoquer proprement la foudre. Trois fois rien.

CLOTILDE POF

La petite sœur. Haute comme trois pommes, constamment vêtue de rose et s'exprimant d'une voix de Chipmunk, elle voue une obsession incontestée aux Winx et aux Pokémon. Ayant parfaitement esquivé la génétique élégance de Mère Pof et Monsieur Pof, elle est de nature joviale, hyperactive et est fascinée par absolument tout, même les cailloux pas très ronds. Elle rêve de rencontrer Stella et d'attraper un Mélofée.

STATISTIQUES DE LA CHAMPIONNE

Points de vie	300	Rapidité	10/10	Intelligence	1/10	Force	1/10

Point fort	les coloriages magiques
Points faibles	les brocolis, les Trix et la Team Rocket

Arme fétiche : le Pistowinx (pouvoir 9/10), un sèche-cheveux transformé à la suite d'une expérience scientifique à base de pâte à modeler et de paillettes en un pistolet surpuissant. Super efficace sur tout être humain ne faisant pas la collection des Pop It.

BRO POF

Frère jumeau de Monsieur Pof, il lui ressemble comme deux gouttes d'eau mais n'a absolument rien à voir. Fan incontesté de Jul, Booba et Patrick Sébastien, il hésite entre une carrière de rappeur ou de joueur pro sur Fortnite. Il est d'un naturel plutôt gentil et sportif, mais est également aussi vif d'esprit qu'un panda sous anesthésie générale. Le premier mot qu'il a prononcé ne fut ni « papa » ni « maman », mais bel et bien « wesh ».

STATISTIQUES DU CHAMPION

Points de vie	900	Rapidité	3/10	Intelligence	0/10	Force	10/10

Points forts	le bière pong et les TikTok dévergondés
Points faibles	la grammaire et la drague

Arme fétiche : Albert l'Haltère (pouvoir 3/10), un haltère capable de pulvériser un mur en béton et de se transformer en n'importe quelle arme. Malheureusement, Bro Pof n'est pas encore capable de le manier car il ne pousse pas encore à la salle. « Ligaments croisés, t'as capté. »

LA MARQUISE POF

Doyenne de la famille et immortelle selon la légende, c'est la mère-grand des enfants Pof. Elle partage une complicité toute particulière avec Monsieur Pof, à qui elle transmet tout son savoir de grande dame. Elle bénéficie d'un humour décalé et n'aime pas grand monde, son mari y compris.

STATISTIQUES DE LA CHAMPIONNE

Points de vie	8000	Rapidité	0/10	Intelligence	9/10	Force	2/10

Points forts	*Question pour un champion* et le commérage
Points faibles	la technologie et les produits bios surtaxés

Arme fétiche : le livre maudit (pouvoir ?/10), un livre de sorcellerie contenant de terribles formules permettant de mettre fin à des civilisations entières et hérité par des générations de sorcières redoutables et surpuissantes. Seul bémol : mère-grand l'a perdu.

DADDY POF

Père des enfants Pof et mari de Mère Pof (logique), il ne revint que récemment après avoir été absent toute leur enfance. Homme mystérieux au redoutable accent british, il fait fondre le cœur des dames mais reste concentré sur sa carrière de rock star internationale. Même si au final elle n'a pas même débuté.

STATISTIQUES DU CHAMPION

Points de vie	500	Rapidité	5/10	Intelligence	5/10	Force	5/10

Points forts	séduire Mère Pof, le karaoké et les blagues beauf
Point faible	le chant

Arme fétiche : le concert (pouvoir 6/10). Personne n'a jamais osé lui dire jusqu'à présent, mais Daddy Pof chante faux et joue aussi bien de la guitare qu'un manchot jouerait du saxophone. Un concert lui permet de mettre automatiquement K.-O. tout individu l'entendant de près ou de loin. Seul bémol : son entourage a pris l'habitude de s'équiper de bouchons d'oreilles pour se protéger de ses vocalises infernales.

Alors, épatante famille, n'est-il point ? L'on me demande souvent comment de si différentes personnalités peuvent cohabiter au sein d'un même foyer, mais surtout, la question fatale : cette famille dépeinte dans mes vidéos existe-t-elle vraiment ? Ou n'est-elle que le fruit de mon imagination débordante ? Eh bien puisque vous avez pris la peine de feuilleter cet ouvrage de courtoisie humoristique de A à Z, de Aligator épilé à Zèbre gymnaste, je vous répondrai sincèrement : oui et non. Je puise certes un tantinet de mon quotidien afin de composer ces drôles de sketchs, mais cela veut-il dire que tous ces personnages sont réels ? Que nenni !

ALERTE SECRET !

Je compte sur vous pour ne point révéler ces anecdotes confidentielles que je m'apprête à vous dévoiler.

Mis à part mère-grand que vous connaissez fort bien, les autres personnages ne sont que le résultat de personnalités extravagantes calquées sur les membres de ma famille.

J'ai bel et bien une petite sœur, mais qui n'a que 5 ans de moins que moi. Elle a aujourd'hui 18 ans et ne vénère plus du tout les Winx et les Pokémon. Toutefois, laissez-moi vous dire que lorsque j'avais dix ans et elle cinq, c'était le portrait craché de Clotilde Pof. Me serais-je inspiré d'elle afin de créer ces vraisemblables situations humoristiques ? Totalement. S'est-elle révoltée lorsqu'elle a perçu les similitudes entre son soi de l'époque et le personnage de la petite sœur aux ailes de fée ? Absolument. S'est-elle déjà fait surnommer Clotilde Pof au lycée et m'en a-t-elle voulu pendant plusieurs semaines ? Évidemment.

La mère Pof est quant à elle très caricaturée. Dans la vraie vie, son élégance n'est que passagère et sa manière de parler n'a rien de guindée. Et contre toute attente, elle ne s'habille pas telle une crémière. Qui l'eût cru ? C'est en réalité une toute petite dame aux yeux noisette et au sourire aussi chaleureux qu'un coucher de soleil un après-midi d'automne. Elle n'a pas de sœur à l'accent du Sud avec laquelle elle se crêpe le chignon : Mère détient elle-même l'accent du Sud et porte fort souvent un chignon. Enfin, quelques-unes de ses punchlines sont bien malheureusement tirées de paroles réelles : bien mal avisé est le garnement qui ose désobéir à sa loi des corvées.

Bro Pof, quant à lui, très cher… Il n'existe pas. Je pouffe rien qu'à imaginer la tête que doit faire le fan-club de ce garnement en lisant ces lignes, mais telle est la vérité. Le jumeau « wesh » est entièrement inventé, et cela par contraste au gentleman, ce que je trouvais drôle. En d'autres termes, je n'ai jamais eu de frère. Enfin, pas que je sache, qui sait ce que nous cache ce coureur de jupons de Papa Pof.

En parlant de ce dernier, il n'a absolument rien d'une rock star internationale. Ses qualités de chanteur laissent certes à désirer mais pas au point de pulvériser les tympans de tout un réfectoire. Juste à faire légèrement grimacer, je suppose. Enfin, pas de panique, il a bel et bien été là depuis mon enfance et n'a rien d'un coureur de jupons. Éperdument amoureux de la dame aux yeux noisette depuis la nuit des temps, ils constituent d'ailleurs à eux deux un modèle de romance ayant peut-être forgé mon attrait pour toutes ces choses romantiques. Il est simplement arrivé tard dans les sketchs familiaux car j'ai mis un certain temps à imaginer un personnage farfelu. L'idée du mari batifoleur ne fut qu'un prétexte à son arrivée tardive. A-t-il toutefois autant de classe que dans mes vidéos ? Je ne vous le dirais point, n'usez pas de vos charmes sur mon père, viles succubes démoniaques !

Épilogue

Bon, eh bien, nous y voilà… La fin de cette jolie aventure. Comme je suis aux anges ! J'ai depuis ma plus tendre enfance porté dans mon cœur ce magnifique projet, écrire un livre.

Il y a quelques années de cela, avant d'être un gentleman-troubadour-vedette, j'ai tenté de me lancer : j'avais écrit un manuscrit entier et l'avais soumis plein d'espoir à des maisons d'édition. Je me souviens, cela portait sur de fantastiques et terrifiantes aventures au sein d'un manoir hanté. J'étais si fier de l'univers que mon imagination avait créé. Malheureusement, et ce malgré tous les efforts fournis, mon projet de livre n'avait pas abouti et j'avais baissé les bras, anéanti. Alors, lorsqu'on est venu me proposer de réaliser ce merveilleux projet, mettre à l'écrit mes conseils et aventures de gentleman… Quelle ne fut pas ma joie ! Mêler mon rêve d'antan, écrire, à mes passions d'aujourd'hui, les vidéos et l'humour, afin de produire pour vous une œuvre amusante, fut pour moi la plus belle des choses. Mais plus que tout je suis ravi d'avoir réalisé ce joli petit ouvrage à l'intention de ma charmante communauté. Une communauté éduquée, bienveillante et rigolote, qui me porte dans son cœur et que je chéris plus que tout au monde. Il est vrai que votre bon vieux gentleman ouvre bien peu souvent son cœur, mais sachez que le plus grand des privilèges qui m'ait été donné au cours de ma vie au château est sans nul doute celui de rire avec vous tous les jours, de vous arracher des sourires même lorsque le cœur n'y est pas. Alors s'il y a bien un véritable message que je souhaite vous délivrer, c'est le suivant :

N'ayez jamais peur d'être un troubadour différent, très cher. Arborez fièrement vos qualités, vos défauts, votre personnalité et les rêves qui vous animent. Et puis, quelle que soit la bataille que vous menez, peu importe le nombre de roturiers qui vous importunent, redressez le menton, mon ami. Et avec toute la grâce et l'élégance du plus valeureux des gentlemen, déclamez-leur ceci :

« Hors de mon chemin, vil saloupiot. L'avenir est fait de gens différents. Et je suis fier de qui je suis aujourd'hui. »

Puis faites-leur une balayette à cette belle bande ~~d'enc~~…

Affectueusement,

Votre vieil ami,

Monsieur Pof

Remerciements

Mille mercis à mère-grand de m'avoir confié depuis mon plus jeune âge cet amour des livres et cette passion pour la musique classique au travers des comptines de Marlène Jobert. Merci aux éditions First de m'avoir permis de réaliser ce merveilleux projet. Merci à la gentillesse, aux conseils et au professionnalisme des dames Laura et Joséphine en compagnie desquelles ce fut un pur plaisir de réaliser cet ouvrage.

Un énorme merci à la duchesse Daphné, au baron Laurent et à la comtesse Amélie, pour leur amour et leur soutien dans les tâches du quotidien, sans lesquels la tête de linotte que je suis ne ferait pas long feu.

Une sacrée tape dans le dos à la bonne du château, ma besta qui fête son anniversaire toute seule à l'autre bout de la France dans deux heures car elle n'a même pas eu la présence d'esprit de s'organiser, cette bolosse. Merci d'être ma maplv forever et mon meilleur coach motivation au quotidien <3, même si t'es nulle.

Et surtout merci à vous, chers abonnés, sans qui rien ne serait possible. Un jour, nous irons au plus grand des bals pour faire la bamba et festoyer tous ensemble.